Anonymus

Etwas für die gute Sache der Monarchien von militairischen Betrachtungen begleitet

Anonymus

Etwas für die gute Sache der Monarchien von militairischen Betrachtungen begleitet

ISBN/EAN: 9783743406957

Hergestellt in Europa, USA, Kanada, Australien, Japan

Cover: Foto ©ninafisch / pixelio.de

Weitere Bücher finden Sie auf **www.hansebooks.com**

Etwas
für die gute Sache
der
Monarchien
von
militairischen Betrachtungen
begleitet.

———

as wollet ihr doch thun, am Tage der Heimsu-
chung, und der Verderbung, die von ferne her-
anzieht? Zu wem wollet ihr um Hülfe fliehen?
und wo wollet ihr euere Herrlichkeit lassen, daß
ihr nicht unter die Gefangenen gebogen werdet,
und fallet unter den Erschlagenen?

Isaiä 10.

Wien, 1799.

Wenn sich ein mächtiger und gefährlicher Feind, durch zeitweilige Politik gedrungen, bis zu besserer Gelegenheit versöhnet, so heißt es: von einem ausgesöhnten Feinde erlöse uns o Herr! — So war die Versöhnung der Neufranken zu Leoben, um mit heller Haut aus der Falle zu kommen — so die von Campo Formio, um die Lombardey zu republikanisiren, und immer mit einem Fuße in Italien zu stehen — und so seitdem jene doppelzüngigen Unterhandlungen zu Rastadt, um Zeit zu gewinnen; besonders, als nach Buonaparte's unerwarteter Abrufung von der Rastadter Negoziation, die veränderte Stimmung der uneinigen Glieder des Pariser Direktoriums, neue treulose Entwürfe und Unternehmungen brütete, welche sich auch bald hernach, durch die in Paris erfolgte Gegenrevolution vom vierten Sept. 1797 — dann durch die Greuelscenen in der Schweiß — darauf durch die unwürdige Behandlung des ehrwürdigsten grauen Kirchen-Oberhauptes, und die philosophische Plünderung Roms — und endlich durch Bernadotte's dunkeln Versuch in Wien, näher entwickelten — Cameleons von Tugenden, Ungeheuer an Lastern! denn das Gewebe ihrer Bosheiten, und die Raschheit ihrer Ausführung läuft den schnellsten Gedanken und wahrscheinlichsten Muthmassungen eines beobachtenden Schriftstellers dieser erstaunungswürdigen Zeitvorfallenheiten vor. —

Das Betragen der Neufränkischen Unterhändler zu Rastadt, war bisher der untrügliche Barometer der in Petto verwahrten Gesinnungen ihrer Machthaber — kurz angebunden und zudringlich, als sie die in Irrland angezettelte Revolution für unfehlbar hielten, und Buonaparte Maltha, im Vorbeygehn, feigen Verräthern abnahm, und durch ähnliche Canäle in Egypten landete — herabstimmend und Friede heuchelnd, nach des Engländischen Ajax, Horatio Nelson's unvergänglichem Siege, begleitet von der Vereinigung Rußisch- und Türkischer Flotten, und der Kriegserklärung der hohen Pforte, nebst den in Italien und Belgien aufgeloderten Gährungen. — Da war der erwünschte, aber leider! bald wieder entwischte Augenblick, ihnen den Lohn ihrer Missethaten zu reichen — und wo nur eine Verkettung widriger Umstände mächtige Höfe abgehalten haben muß, davon Nutzen zu ziehen, und einstimmig mit England und Rußland, die Könige von Sardinien und Neapel, und die verzweiflungsvollen Italiener, Schweitzer, und Holländer und Belgier, wenn gleich nur durch eine beschauliche rasche Vorrückung der Truppen an den Gränzen Italiens, und der Schweitz, am Rheine, und von Preußischer Seite gegen Holland, in den Stand zu setzen, mit vollem Muthe aufzustehen, und das eiserne Joch ihrer Unterdrücker abzuwerfen; ohne zu besorgen, ob die Französischen Unterhändler dieserwegen Rastadt verlassen, ja vielleicht wohl noch geschmeidiger geworden seyn würden; wobey Ehrenbreitstein auf eine oder die andere Art durch List hätte neuverproviantirt und gerettet werden können — Ehrlich mit dem Ehrlichen, und pfiffig mit dem Pfiffigen, sonst liegt der Erstere unten — wie es allen jenen gehet, und ergeben wird, welche mit den Neufranken mit der Ehrlichkeit fortkommen wollen, welche von jeher bey ihnen für Dummheit galt. —

Ueberhaupt muß sich die Politik nach den Zeiten, und nach den Leuten richten. — Denn

indeßen man es nicht so machte, so haben es die
Neufranken so gemacht, und auf die deutsche
Ehrlichkeit ungescheuet loßgesündiget, während
dem sie zugleich zu Rastadt ihren Handlungen
widersprechende Noten drechselten, die Kehler
Schanze immer zu neu befestiget — den König
von Sardinien seiner Krone und Länder beraubt,
und sie republikanisiret — den König von Neapel dahin gebracht, seine prächtige Residenz mit
dem Rücken anzusehen, und solche der anarchischen Verwüstung Preiß zu geben, und mit ihnen
einen verderblichen Waffenstillstand, (den ihre,
und ihrer Anhänger Intriguen, zu neuem Blut-
vergießen wahrscheinlich wieder zum Bruche
brachten) mit der Entnervung seiner künftigen
Macht, und der Aufgebung seiner tapfern Be-
schützer einzugehen — dem Großherzoge von
Toscana durch ähnliche Wege alle Vertheidi-
gungsmittel im voraus benommen, und durch,
die treulose Ueberraschung von Lucca bereits das
Netz um ihn gezogen — und endlich Ehrenbreitstein, die letzte Vormauer des nördlichen Teutschlandes, Waffenstillstandsbrüchig ausgehungert,
und besezt, um es nun zu behalten, und in ganz
unnehmbaren Stand zu setzen, damit sie das
heilige römische Reich links und rechts, nach

ihrem Gefallen überschwemmen können, deſſen
Geſtalt und Verfaſſung einen ſehr neumodiſchen
Zuſchnitt überkommen dürfte; es mag nun zu einem Frieden kommen, oder von den Neufranken,
und andern mit ihnen Einverſtandenen, noch
weiters unter den Kamm gezogen werden. —

Dieſe urſprüngliche Verfaſſung war ein Kind
der Noth, welches ſich die Kaiſer im Anfange
gefallen laßen mußten, nach der Hand aber, immer durch die Zeitumſtände gehindert, nie damit
zu rechte kommen konnten. Das Haus Oeſterreich iſt wohl durch die Beſchützung des Reichs
von jeher mit Frankreich in ſchwere Kriege ver-
wickelt, und nun mit Aufopferung ungeheurer
Summen, und dem Verluſt von Land und Leuten,
den größten Gefahren ausgeſezt, dafür aber in
ſeinen Kriegsoperationen nicht nur allein ſehr lau
von demſelben unterſtüzt, ſondern öfters ſogar ge-
hemmet worden. Die Proceſſe zu Wetzlar haben
ganze Generationen aufgezehret; die buntſchecki-
gen Verfaſſungen mancher Reichsſtädte, eine
nach der andern heruntergebracht; und die Diebe
und Landſtreicher in der Territorial-Herrlichkeit,
wie vormals im Kirchenſtaate, ihre ſichere Frey-
ſtätte gefunden. Diejenigen Reichsſtände mögen
Gott danken, die noch nicht unter die Geiſel der

Neufränkischen Republik gefallen sind, worunter mit ihrer Herrlichkeit auch ihr Einkommen mit zu Grabe gehen dürfte; aber wenn sie für die gute Sache nicht unter einen Hut gebracht werden können, so wäre es ja besser, das Reich seinem Schicksale zu überlassen; denn nicht der Titel, sondern Macht und Länder bestimmen das Kaiserthum, und das Haus Oesterreich würde auch ohne diesem, weit ruhiger, concentrirter, und um so mächtiger seyn können.

Bey dieser den Neufranken nur gar zu gut bekannten Hinfälligkeit dieses abnehmenden Staatskörpers, und bey ihrem nunmehrigen neuen Uebergewichte in Italien, dürften sie nun bald wieder übermüthiger werden, von einer Forderung zur andern fortschreiten, und die schwächern Reichsstände durch glatte Worte, oder durch in Furchtsetzung, zu Separatverträgen locken. Denn nur ihnen allein sind alle, der öffentlichen Treue, und den bestehenden Verträgen zuwiderlaufende Handlungen erlaubt; dagegen sie gleich Lärm zu schlagen, und über Treubrüchigkeit und Provokation zu klagen pflegen, und um ihren heimlichen Anhängern und Advokaten Stof zur Beschönigung dieser Vorspieglungen zu geben, und den Einfältigen Sand in die Augen

zu ſtreuen, andere Mächte als Aggreſſoren zu
ſchildern; befliſſen ſind, ſo bald ſie nur die ge-
ringſten Vorſichtsmaaßregeln zu ihrer Selbſtver-
theidigung treffen: wie es ihre zu Raſtadt am
31ſten Jenner laufenden Jahres übergebene drei-
ſte Note, über den Marſch des, lediglich zu
Deckung Oeſterreichiſcher Staaten, beſtimmten
Rußiſchen Corps bewieſen. Denn ihre eigentliche
Abſicht iſt nur immer dahin gerichtet, alle Mächte
des feſten Landes, von England und Rußland,
und dieſe von jenen zu trennen, damit ſie nur
jeden Staat hübſch unvorbereitet, und freund-
und wehrlos überraſchen, und verſchlingen könnten. — Auf ſolche Weiſe mußten die Freunde
der guten Sache immer dünner werden, und ſie
im Galopp ihrem Untergange zueilen. — Das
ſchaudernde Proklama des General Jouberts,
daß die letzte Stunde der Könige geſchlagen habe,
welches vielleicht vor zwei Monathen noch als
eine Gasconnade belacht wurde, iſt eher an zween
Königen wahr geworden, als man ſich von ſei-
nem Erſtaunen darüber erholen kann, und wird
für die übrigen immer bedenklicher. — Denn
das Opium der Apathie und des muthloſen
Wankelmuthes, welches das Pariſer Direktorium
durch ſeine Getreuen nach und nach in die Cabi-

nette zu schwärtzen weiß, wirkt immer auf eins
ums andere, nachdem die Franzosen einem näher
kommen. —

Was schwören denn die Neufränkischen
Machthaber und ihre Sattelliten, an dem
Königsmörderischen 21sten Jenner jeden Jahres?
Haß dem Königthum, und der Anarchie! das
ist, dem Königthum überall, der Anarchie aber
nur bey ihnen, damit sie diese nicht selbst aus
dem Sattel hebe. — Denn bey andern führen sie
solche fleißig zugleich mit der Revolution ein, um
fein überall die Hände mit im Spiel zu behalten.

Woraus bestehen denn ihre sogenannten
provisorischen Regierungen? Aus Lüderlichen oder
Rachsüchtigen vom Adel — abtrünnigen Die-
nern der Religion — wucherischen Spekulanten
— abgefeimten Rabulisten — bösen Lehrern der
Jugend — und einigen rasenden Schreyern
aus den Hefen des Pöbels — welchen Abschaum
sie das souveraine Volk heißen. Was ent-
steht daraus? Ewiger Zank und Haber — tausend Ungerechtigkeiten und Uebelthaten — und
die Versplitterung öffentlicher Gelder zum schlem-
menden Unterhalte ihrer Neufränkischen Quästo-
ren und Cohorten. — Die Nachbarn sehen diesen
fressenden Krebs, aber anstatt frisch darein zu

schneiden, salben sie sich mit der Erwartung
des Bessern, bis sie endlich auch davon ange-
fressen werden. — Die Neufränkische Republik
scheinet das Mährchen vom Basilisken zu realisiren'
von dessen bloßen Anstarren Menschen und Thiere
mutblos dahin sinken sollen. Man betrachte aber
auch nur mit aufmerksamen Blicke die colossali-
sche rund um verbundene Größe und das Ueber-
gewicht dieser Republik, mit allen ihr zu Gebote
stehenden republikanisirten Staaten, und den
daraus zu ziehenden Resursen an Geld und Truppen, welche um nicht abgedankt zu werden, bey
jeder neuen Revolution sich zu ihren Armeen
schlagen — eine Macht nach der andern überwäl-
tigend — eine von der andern, entweder durch abgedrungene verderbliche Separatverträge, oder durch
den ausgestreuten Saamen des Argwohns oder
der Mißgunst trennend — mörderische Festungen ohne Ende um, und hinter sich — überall offene Länder vor sich — zahllose, stets nach Rache
und Beute schnaubende Kriegsheere zu jedem be-
liebigen Angrif auf den Beinen — kein treuloses
oder gewaltthätiges Hülfsmittel unversucht lass-
send — und man wird zurükbeben und denken,
es ist vorbey! — Denn wie viel sind denn noch
sollde Mächte des festen Landes von Europa

übrig, die es mit ihr, und da nur alle zugleich, aufnehmen können? Drey, und von diesen dreyen wollte Eine schon lange nicht mehr an. beißen. — Aber auch alle drey zusammen, wür. den es ohne Englands Golde und rastloser Thä. tigkeit, keine zwey Jahre mehr aushalten kön. nen; besonders, da nun die Neufränkische Re. publik neuerdings aus den Piemontesischen, Nea. politanischen und Toskanischen Staaten, so viele Resursen ziehen kann, als sie will, und wenn diese nicht hinreichen, Holland, Spanien, und Portugall, wenn es ihr beliebt, unter die Scheere nehmen wird; so wie sie alle Häfen von Ita. lien bald wieder in ihrer Gewalt zu haben, und die combinirten Flotten zu sperren, und zuletzt Preußen, Hessen und andere, entweder durch verfüh. rerische Anträge, oder durch Verrätherey und Uebermacht, dahin zu bringen trachten wird, mit ihr zu halten; indessen sie zugleich durch ihre aller Orten befindliche, gar nicht scheue Revolutions. freunde, den Zunder zu neuen Gährungen fleißig vorbereiten und anfachen lassen wird, um end. lich auch Oesterreich und Rußland über den Haufen zu werfen, und die abgezielte Alleinherr. schaft zu erringen. Bey so bedenklichen Aussich. ten, und in soferne Preußen, selbst nach der nun

erfolgten Ankunft des neuen Englischen Gesand-
tens Lord Grenville, von dem angenommenen
Neutralitätsfystem nicht abgeben follte, scheinen
nur zwey Mittel, eines so bedenklich als das
andere, übrig zu seyn, um dem reißenden Strome
der allgemeinen Unterjochung, wenigstens einstwei-
len eine andere Richtung zu geben: nämlich, entweder England, Rußland und die Pforte, noch
weiter alleine ihr Heyl gegen die Franzosen ver-
suchen zu laßen, wornach aber auf ihre Freundschaft und Unterstützung keine weitere Rechnung
zu machen wäre; und sonach durch einen Separat-
frieden Teutschlandes überhaupt, und Oesterreichs
insbesondere, mit der Neufränkischen Republik,
wornach ihr Direktorium selbst für den gegenwärtigen Augenblick aus tiefliegenden weiteren rachsüchtigen Absichten zu streben scheinet, Zeit zu
Herstellung der Ruhe und Sicherheit der Oesterreichischen Staaten, und zur Erholung der Finanzen zu gewinnen; vielleicht auch dadurch den
Weg zu einem allgemeinen Frieden zu bahnen,
welcher aber, in soferne die Neufränkische Republik nicht den größten Theil ihrer gegenwärtigen
Acquisitionen, und die Leitung der republikanisirten
Staaten aufgeben wollte, wozu ein starker Glau-
be gehöret, gar nicht denkbar scheinet, und wenn

Lord Grenville diesen allgemeinen Frieden zuwe-
gen brächte, selber gewiß für das achte Welt-
wunder gelten könnte; — sodann Festungen über
Festungen zu bauen, woran es in Italien, dem
ganzen Littorale, Tyrol, Steyermark und Oesterreich selbst, so wie den Gallizischen Provinzen
mangelt, und wozu die herrlichsten Pässe und
Situationen vorhanden sind; auch zu Verringe-
rung der Kösten, und zur Förderung des Baues,
in Friedenszeiten die Truppen selbst, gegen eine
billige Zulage, verwendet werden könnten; und
endlich für alle Fälle immer eine ansehnliche Armee
auf den Beinen zu halten: durch welchen Weg
denn auch Andern, die etwa gerne Oesterreich mit
den Neufranken wieder in den Haaren sehen
möchten, ein Bischen das Concept verrückt wer-
rückt werden könnte; — oder aber, wenn England
Geld dazu hergäbe, den gemeinschäftlichen Kampf
mit der äußersten Energie wieder anzufangen.
Das erstere Mittel scheinet nach dem bisher so
verderblichen Egoism zu riechen, und nur pallia-
tif und schwankend zu seyn, weil die Sicherheit
der Monarchie, in soferne die Franzosen gegen
England, Rußland und die Pforte, zu Lande noch
weiters die Oberhand behaupteten, welches eher
möglich ist, als nicht, alsdann nur prekair, die

fortwährende nöthige Unterhaltung grosser Armeen, nebst der eben so dringenden Erbauung neuer Festungen aber, fast unerschwinglicher und fruchtloser, als ein neuer Krieg seyn dürfte, der mit vereinten Kräften geführet würde. In diesem lezteren Falle aber, müßten bey einer so verzweifelten Krankheit, auch ähnliche Mittel versucht, und gegen diese von Tag zu Tage gefährlicher werdende Republik, ihr eigenes gewaltsames System angekehret werden — mächtige, und standhafte Verbindungen von außen, und heftige Erschütterungen gegen ihr Inneres — getreue, und der guten Sache herzlich ergebene Heerführer — eine Ueberlegenheit an regulairen, und besonders an irregulairen leichten Truppen — wer nicht mit der guten Sache halten, noch dazu beytragen wollte, und ihr an durch hinderlich oder gefährlich werden könnte, dürfte nicht im Hinterhalt gelaßen, sondern sollte von den übrigen dazu gezwungen, und in Requisition gesezt werden; indem es billiger wäre, daß er zur Beförderung der guten, als der bösen Sache beytrüge — sodann Landungen von der See von allen Seiten zur Unterstützung innerer Insurrektionen, besonders von den Rußisch= und Türkischen Flotten und den Barbaresken bey

Marseille, wo der wahre Feuerheerd ihrer Con-
ttrevolutionairs ist, und welche durch mehrere
Transportschiffe und Galeeren, wenigstens auf
60,000 Mann gebracht werden müßten, wenn
sie Nutzen schaffen sollten — zugleich heftige Angriffe aller Orten zu Lande, um ihre Macht um
so leichter zu theilen, als ihnen in Italien die
Besetzung so vieler Festungen, und die Bezähmung der tückischen Italiäner, und vorzüglich
der zum Aufruhr stets geneigten Neapolitaner,
dann um die Belgier, und Holländer im Zaum
zu halten, wenigstens 100,000 Mann wegnehmen
würden; — wenn so fort zum Beyspiel, den
Belgiern, durch ein vorläufiges Manifest der
verbündeten Mächte bedeutet werden wollte, daß
sie sich selbst eine ihrer alten Religion und Lan-
desverfassung angemessene Constitution, unter
einem selbst zu wählenden Statthalter geben,
und von allen verbündeten Mächten, so wie die
Nordamerikanischen Staaten, für frey und un-
abhängig anerkannt, und mit ihnen vortheilhaf-
te Commerztraktaten eingegangen werden sollten
— wenn eben so die Holländer, bey welchen die
Oranischgesinnten, und die Anhänger ihrer glück-
lichen alten Verfassung, noch bey weitem die
größere Zahl ausmachen mögen, zugleich mit
auf-

aufgerufen würden, zu ihrer vorigen Conſtitution
zurückzukehren, und ihren Erbſtatthalter zurückzu-
berufen; anbey aber ſich mit Belgien, als zweyen
getreuen Schweſtern, Hand in Hand, zur ge-
meinſchäftlichen Behauptung einer vernünftigen
Freyheit und Unabhängigkeit von ihren Peinigern
anzuſtrengen; und dieſe Manifeſte unter einem,
durch Angriffe der combinirten Engliſch- und Ruſ-
ſiſchen Flotte von der Seeſeite, und zu Lande von
50,000 Preußen, deren Hofes beſonderes Inter-
eſſe hierbey unterwaltete, begleitet würden: ſo
wäre zehn gegen Eins zu wetten, daß die Belgier
und Bataver wie die Teufel hierum kämpfen, und
ein neues Carthago, und ein ewiger unerſchütter-
licher Damm, gegen die Neufränkiſche Republik
daraus entſtehen würde, die Neufranken auch andurch es wohl bleiben laſſen müßten, am Rhein
offenſive gegen Teutſchland vorzugehen. Eine Un-
ternehmung, die nur von einer ſtandhaften und
ſchleunigen Entſchließung abhienge, und die, bey der
noch dato von den armen Belgiern, ohne auswär-
tiger Hülfe fortgeſezten Inſurrection, binnen ſechs
Wochen in Gang kommen, und den Neufranken
am gefährlichſten werden könnte. — In Italien
aber, ſchiene nichts Erſprießlichers zu ſeyn, um den
Saamen des überall verbreiteten Revolutionsgif-

B

tes, und des endlosen anarchischen Elendes, mit
der Wurzel auszurotten, welches das Mark der
unglüklichen verführten Innsaßen dieser vorhin so
gesegneten Länder verzehret, als durch Landungen
der combinirten Flotten an allen Meeresküsten
Italiens, zugleich die Operationen zahlreicher
Kriegsheere zu begünstigen; mit einer ansehnlichen
Armee aus Graubündten durch die Schweiz gegen Lyon in das Herz von Frankreich vorzudrin-
gen, wo keine beträchtliche Festungen im Wege
stehen; den Franzosen in Italien die Zufuhre abzuschneiden, und in der Schweiz die Insurrektionen wieder aufleben zu machen; bey glücklichem
Erfolge sodann die Könige von Sardinien und
Neapel, nicht nur allein wieder in den alten Stand
herzustellen, sondern selbe vielmehr nebst dem Großherzoge von Toscana, durch angemessene Zuthei-
lungen, und Arrondirungen aus denen von den
Franzosen republikanisirten Römischen und Cis-
alpinischen Staaten, so groß als möglich zu machen; die Festungen Mantua, und Pesciera,
nebst Brescia aber, zur Sicherung der kaiserli-
chen Staaten, den leztern einzuverleiben, damit
auf solche Art das herrliche Italien auf immer
von seinen bösen Gästen befreyet, und eine ewige,
unübersteigliche Scheidewand, zwischen ihnen und
demselben gezogen würde. —

Bald gesagt! aber bey dem allbort neuerlang-
ten Zuwachs an Macht und Stärke, bey dem zahlreichen Besitze der wichtigsten Festungen, und bey
so vortheilhaften Stellungen der Franzosen überall,
eine fürwahr eben so herkulische Arbeit, als es die
Bekämpfung der hundertköpfigen Hydra war. —
Doch möglich und ausführbar, durch die vorbe-
sagte allgemeine Angriffe zu Wasser und zu Lande;
durch die Beförderung der innern Aufstände;
und vorzüglich durch eine ernstlichere Hemmung
aller Zufuhre, als es bisher geschehen; woburch
ihre Uebermacht an Truppen selbst, zu ihrem eigenen Verderben beytragen, und endlich ihre eigene
Gewaltthätigkeiten, und ihre eigene Methode zu
kämpfen, wider sie selbst angewendet werden
müßte. Es ist hier nicht mehr die Rede von der
Französischen Nation im Ganzen, die keinen eigenen Willen mehr hat, und sich die überspanntesten
Anstrengungen gefallen läßt, stets in der Hofnung
eingewiegt, doch einmal jene Ruhe zu erlangen,
wornach sie eben so sehr als alle andere seufzet,
und wovon der auffallendste Beweiß der Jubel in
Paris war, als der Friede von Campo Formio
allda verkündet wurde, und sich Bekannte und
Unbekannte im Taumel der Freude auf öffentlicher
Strasse umarmten — sondern die Rede ist von

B 2

der rasenden Herrschsucht, und zugleich von der
Verlegenheit ihres Direktoriums, welches bey einem allgemeinen Frieden, das Ende seiner Herrlichkeit, die Verlöschung des Freybeitstaummels,
und die Zurückwünschung des Königthums besorget;
und bey der steten Unordnung ihrer Finanzen,
und der treulosen Versplitterung ihrer Staats-
kassen, immer auf neue Plünderungen bedacht seyn
muß; denn von der unersättlichen Raubgier ihrer
schwelgenden Armeen und deren Troße, die keine
Gränzen mehr kennen, und einen ewigen Krieg
wünschen. — Hier würde also ein Kampf werden
um alles was theuer und heilig ist; um Religion
und Throne — um Haab und Gut — Leben oder
Tod — ein neuer Herrmannskampf für Teutsch-
land — der Allmächtige gebe, daß er so ausfalle,
wie jener, gegen die Legionen des Varus! —

So wie demnach in Folge des militairischen
Systems der Neufranken, jeder Waffen zu führen
Fähige, sogar ohne Rücksicht des Standes, für
die böse Sache mit geben muß; um so vielmehr
könnten sich wohl in denen wider sie verbündeten
Staaten, zu Beschützung so theurer Gegenstände,
und endlicher Befreyung von den Drangsalen eines
beyspiellosen Krieges, gegen gewisse Belohnungen
und Vorzüge, nach dem Zustande dieses allgemei-

nen Dranges, so wie es würklich der zu ewigem
Nachruhme bekannte Patriotism in England, und
den Oesterreichischen Staaten hervorgebracht hat,
eigene Corps von Freywilligen und Landmilitzen
im Voraus bilden. Denn eine erst in der äußersten Gefahr zusammengerafte Volksmasse, kann
nichts als Unordnung hervorbringen, und hält ge-
gegen etliche Kartätschenschüße nicht Stich. —
Bey diesen Freywilligen aber, dürfte wohl bey so
außerordentlicher Anstrengung, nicht so viel auf
Maaß, und äußere Bildung, als auf Kräfte und
Gesundheit, nicht auf Uniformirung und Abjusti-
rung, sondern auf höchstnöthige, zum Kriegsdienst
taugliche Kleidung, wie sie jeder hätte, mit einem
kennbaren Feldzeichen versehen; dann auf gute
Bewafnung und schleunige Uebung im Dienste das
Augenmerk gerichtet werden. Damit sich nun
diese Freywilligen hiezu bilden, die Armeen aber,
ohne sich durch Abgebung vieler Truppen zu dem
laufenden Dienste zu schwächen, stets zahlreich erhalten werden, und desto kräftiger agiren könnten:
so würden diese Freywilligen mit einigen Abthei-
lungen der Garnisonregimenter vermischt, und angeführt von versuchten Veteranen, vorzüglich zu
Besetzung der Pässe und Gränzen, gegen feindli-
che Streifereyen, wie es in Tyrol mit bestem

Erfolge geschieht; zu Transportirung und Bewachung der Kriegsgefangenen; zu Begleitung der Artillerie- Munitions- und Proviant- Transporten von einem Erblande zum andern, und zur Aufrechthaltung innerer Ruhe und Sicherheit verwendet werden können. Bey solchen Dienstleistungen ausser ihrem Wohnorte, gebührete ihnen eine angemessene Löhnung und Verpflegung, wie den Feldtruppen. Bey Garnisonsdiensten zu Hause, würden Vermöglichere, wie es in Oesterreichischen Staaten schon vor zwey Jahren geschehen, sich selbst verpflegen; für Mittellose aber, sowohl durch freywillige patriotische Geschenke, als durch Beyträge von dem Ertrage der Schaubühnen, und der öffentlichen Belustigungen, wie es bey den Franzosen und Engländern noch heut zu Tage geschieht, und auch in Oesterreichischen Staaten geschehen ist, und überall für die gute Sache befolget werden sollte, fürzusorgen kommen. Alles herrenlose und vagirende, zum Feld- und Kriegs- Fuhrwesensdienste untaugliche Bettelgesindel, beyderley Geschlechts, könnte, um zugleich die innerliche Sicherheit zu befördern, aller Orten aufgehoben, und zum Dienste der armen Spitäler, zum Krankenwarten, kochen, waschen und reinigen, gegen gemeinschäftliche Verpflegung angehalten werden.

Im Nothfalle, und wo Gefahr auf dem Verzug
haftete, könnten zu Transportirung der Artillerie,
Munition, des Proviants, und auch der Infanterie selbst, wenn zum Beyspiel ein gut überdachter
schneller Ueberfall des Feindes von einem Corps,
das er für schwach hielte, durch so gestaltig unver-
muthet von einem rückwärts stehenden Corps an
sich gezogene Verstärkung, ausgeführet werden
wollte, von einer Station zur andern, gegen Ver-
gütungsscheine beym Frieden, auch Lehens- und
herrschaftliche Wirthschaftspferde, verwendet werden; da die Franzosen sowohl in ihren eigenen, als
in fremden Ländern, auch sogar die kostbaren Lu-
xuspferde hiezu in Requisition setzen. Eben so
könnten auch alle Kirchenprätiosen, gegen Refun-
dirungsscheine zu glücklicheren Zeiten, gewiß ohne
Bedenken, zur Rettung des Staates und der
Religion angewendet werden. Diese Mittel scheinen dem Anscheine nach etwas rauh, und über-
spannt zu seyn; aber besser jeder Staat bediene
sich derselben, indem es noch Zeit ist, zur Hind-
anhaltung jener Unholden, als daß er solche nach
der Hand, ihrer gewaltsamen Requisitionirung,
mit zu später Reue überlassen müße; wie man
es nach einander alljenen ergeben sieht, welche

sich derselben noch in rechter Zeit zu bedienen, auffer Acht gelassen haben. —

Was aber die hauptsächlichsten ißigen Vortheile und Kriegsmaximen der Franzosen betrift, wodurch sie eine Zeit her selbst über die geübtesten und tapfersten Truppen die Oberhand erhalten haben, so scheinen sich solche vorzüglich auf folgende Umstände zu gründen. Da alle ihre Armeen eine ungehinderte Verbindung unter sich haben, um sowohl ihre Operationen wechselseitig zu begünstigen, als einander im Nothfalle zu Hülfe zu kommen; da sie eine Menge der wichtigsten Festungen, sowohl in Italien, als am Rheine, und in Belgien, zu Anlegung ihrer Waffenplätze und Magazinen hinter sich haben, und eine zahlreiche gutbediente Artillerie, und vortresliche Genie und Generalstaabe, nebst einer unerschöpflichen Anzahl an Truppen besitzen; theils, weil ihre eigene Land- und Gewerbsleute, wegen Vernachläßigung der Cultur, und Industrie den Armeen nachzulaufen gezwungen, und allda Tod oder Wohlleben zu finden gesichert sind; theils weil sie die Lücken ihrer Truppen durch Einschiebung jener aus den unterjochten Staaten, gleich wieder zu ergänzen wissen; dann so wie sie vorschreiten, um ihre Truppen zu kleiden, und gut leben zu machen, alle Armeebedürfnisse gewaltig requisitioniren; so können sie überall gleich mit Nachdruck offensiv zu Werke gehen, und mit jenem Ascendent, oder Bewußtseyn ihrer Ueberlegenheit, zu Felde ziehen, welches im Kriege, so wie im Spiele, gemeiniglich die Waagschaale des Glückes und des Sieges auf seine Seite zieht; und womit, nebst den noch hinzukommenden, durch ihre heimliche Anhänger bey den feindlichen Armeen unterhaltenen Einverständnissen und Verrätbereyen, und vieler besitzenden Kriegslist die ausschweifendsten und kühnsten Plane durchgesezt, und mit solchen Mitteln ausgerüstet, auch pure Waghälse, große Generäle werden können. — Daher ist zu vermuthen, daß sie vielleicht das Gegentheil von dem, was man erwartet, unternehmen, und in Italien anfänglich laviren, und defensive vorgehen dürften, weil sie wohl einsehen, daß ihnen allda die Landungen der combinirten Flotten, und die nöthige Bezähmung der rachsüchtigen und wankelmüthigen Italiäner genug zu schaffen machen dürften; und Oesterreich seine größte Macht in Italien versammelt, und doch feste Pässe und Stellungen allda vor sich habe. Dagegen sie am Rhein, wo sie offene Länder vor sich wissen, und keinen hinreichenden Widerstand vermuthen, her=

sonders, wenn Preußen und Hessen bey dem
verderblichen Neutralitätssystem beharren sollten,
mit einer ungeheuern Uebermacht gerade nach
Bayern, Schwaben und an der Donau, gegen
die Oesterreichischen Staaten vordringen dürften.
Von diesen Hauptvortheilen begünstiget, haben
sie noch folgende Methoden zu ihren Attacken
gewählet: Erstens, mit der überlegenen Anzahl
ihrer leichten Infanterie, und Jägers zu Pferde,
ihre Gegner durch mehrere Tage auf allen Punk-
ten unaufhörlich mit verstellten Angriffen zu beunruhigen und abzumatten, und endlich mit voller
Uebermacht den Hauptangrif in mehreren Colonnen
auf einen Punkt zu dirigiren, um entweder die
Flügel oder das Centrum des Treffens zu überwältigen. Zweytens, da ihre Heerführer die
Impetuosität der Nation kennen, welche in der
ersten Hitze alles über den Haufen zu werfen
fähig ist, aber ein regelmäßig und standhaft un-
terhaltenes Feuer nicht lange aushält, so suchen
sie ihre meistens von Brandwein und Raubgier
trunkene Truppen, zu einer wüthenden Attacke
mit dem Bajonett zu reitzen, welcher nur die
größte Standhaftigkeit widerstehen kann. Drittens, welches die gefährlichste Methode von
allen ist, daß, da sie immer doppelt an der Zahl

sind, während dem, als sie mit voller Macht
unter einem zahlreichen und heftigem Artillerie-
feuer, die Fronte und das Centrum, so wie die
Cavallerie der beeden Flügel, mit einer gleichmäßig
überlegenen Anzahl von Cavallerie furiös attacki-
ren, sie unter einem links und rechts viele tausend
auseinander gestreute Plänkler mit Jägern zu
Pferde vermischt gegen beede Flügel abschicken,
welche sich zwischen Gräben und Hecken immer
fortziehen, und die Flügel völlig zu umzingeln,
anbey aber ihr Feuer einzeln und Pelotonweis, in
den Flanken und Rücken anzubringen trachten,
wodurch der gemeine Mann sich auf allen Seiten
angegriffen sehend, die Gegenwart verliert, und
nicht mehr Stand hält, sonach die Flügel des
Treffens sich zurückbiegen, und sodann auch die
Zurückweichung des Centrums, und den Verlust
der Schlacht nach sich ziehen: da einerseits die
Artillerie gegen diese zerstreute Plänkler, keine
sichere und ausgiebige Wirkung haben, und anderer-
seits die Cavallerie, wegen stets unterhaltenem lebhaften Feuer aus solchen Hinterhalten, und wegen
ungünstigem Boden, besonders in einem mit
Gräben durchschnittenen Lande, wie in Italien,
ihnen schwer beykommen kann. Viertens
endlich, wird bekanntermaßen von den Neufranken

zu Erzielung verrätherischer Einverständnissen bey
den feindlichen Armeen, so wie in den Cabinetten,
und zu Ueberkommung verläßlicher Kundschafter,
kein Geld geachtet; wodurch sie leider bisher noch
öfters, als durch die Waffen, den Sieg erhalten
haben; wie es die frischen Beyspiele in Sardinien
und Neapel gezeiget haben, von dessen lezterm
Truppen vordem wenige einen Feind gesehen haben mochten, und worunter noch dazu so viele
Uebelgesinnte waren; daß sonach ohne Mischung
von Rußisch- und Oesterreichischen Truppen, oder
ohne vorläufiger heimlicher Anwerbung braver
Deutscher Schweitzer, oder Illyrischer Truppen
aus den beeden Dalmatien, und den neuacquirir-
ten venetianischen Inseln, wozu man hätte die
Augen zudrücken können, nichts Gutes von ihnen
zu erwarten, und ihr braver König, und so rühm-
lich bekannte Obergenerále, im voraus zu be-
dauern waren. Dagegen die Franzosen gar gut,
die ihren Armeen einverleibte fremde Truppen,
auf deren Muth sie nicht wohl bauen können, entweder in die Festungen stecken, oder hübsch an
die Spitze stellen, und wenn sie wanken, mit Kar-
tätschen hinten drein feuern. Gegen diese erwähnte
Vortheile der Franzosen überhaupt, und ihre bekannte dermalige noch grössere Uebermacht, muß

jedermann einſehen, daß ohne Oeſterreichs Mit-
würkung in Italien, alle Landungen, und alle
Operationen der combinirten Engliſch- Rußiſch-
Türkiſchen- und Corſarenflotten, wohl hin und
wieder bey Feind und Freunden große Verwü-
ſtungen anrichten, aber keine Haltbarkeit, und
lauter fruchtloſe Aufopferungen, auf dem feſten
Lande, gegen die Franzoſen hervorbringen dürften., die alle Hafenbatterien in ihrer Gewalt haben, und jeden Vertheidigungspunkt trefflich zu
benützen, und hartnäckig zu vertheidigen wiſſen.

Es iſt auch eben ſo klar, daß wenn Preußen
der Coalition nicht beytritt, Oeſterreich alleine,
ohne einer beträchtlichen Rußiſchen Hülfsarmee
von wenigſtens 60,000 Mann, ſich mit den Franzoſen nicht einlaſſen könne. Aber auch nebſt dieſer
ſchiene es unumgänglich nothwendig, gleich bey
Eröfnung eines neuen Feldzuges gegen die Franzoſen, nie mit detaſchirten Corps zu agiren, ſondern ſeine Armee ſo viel möglich beyſammen zu
halten, und jeden Angrif mit voller Macht zu
unternehmen; wohl aber ihre Armee durch eine
große Ueberlegenheit an leichten Truppen unaufhörlich zu beunruhigen, und durch ſtete Ueberfälle
langſam aufzureiben. Sodann die nächſte, un-
unterbrochenſte Communikation der Italiäniſchen,

Tyrolerischen und Graubündnerischen Armee, mit
der Rheinarmee dergestalten zu unterhalten, damit
sowohl eine die andere in den Fortschritten glück-
licher Operationen begünstigen, oder selbe, sich
auf der ein- oder andern Seite von der Uebermacht gedrängt sehend, wechselseitig unterstützen,
und einander die nöthigen schleunigen Verstärkungen zuschicken könnten; und zu diesem Ende
in Italien gleich zu trachten, sich des Brescianisch-
und Bergamaskischen, nebst der wichtigen Festung
Pesciera zu bemächtigen. Nicht minder, so wie
die Truppen auf des Feindes, oder seiner Alliir-
ten Boden den Fuß setzen, sie besser leben zu
machen, wovon man bald den Effekt sehen würde.
Sie brauchen dieserwegen weder zu rauben noch
zu sengen, und sich andurch selbst ihre Subsistenz
zu entziehen; aber Wein, Bier, Brandwein,
Fleisch, Brod und Gemüße, wie es das Land
hätte, sollte durch ordentliche Requisition herbey
geschaft werden, damit der gemeine Mann, nach
so manchen überstandenen Fatiguen und Gefahren zuweilen einen guten Tag vor sich finden,
und sein Bischen Löhnung einschieben könne; da
es traurig ist, immer bey fünf Kreußern den
Helden zu machen. Dieses vorausgesezt, würde
sodann Erstens, gegen die steten Beunruhigun-

gen und Ermüdungen der Truppen, durch die
Franzosen, die in der vorigen Zeitschrift für die
gute Sache der Monarchien, bereits vorgestellte
nothwendige beträchtliche Vermehrung von wenigstens 40,000 Mann regulairer und irregulairer
leichter Truppen zu Fuß und zu Pferde, und zwar
leztere bloß in ihrer furchtbaren Landestracht,
gewiß eine sehr ersprießliche Sache seyn; von
welch lezteren man aus den Hungarischen, Illyri-
schen, Wallachischen, und neu überkommenen Provinzen des Venetianischen Dalmatiens, in Hofnung guter Beute, genug würde aufbringen können;
die von Jugend auf dazu abgehärtet, listig, und
für den kleinen Krieg gleichsam gebohren sind;
und von versuchten Offizieren angeführet, nebst
denen dazu eben so vortreflichen Cosacken und Ruß-
schen Jägern, dann den Oesterreichischen Husaren
und Scharfschützen, von leichten Dreypfündern
begleitet, wie im Successionskriege, den Franzosen
bald das Handwerk legen, und sie zu tausenden
aufreiben würden. Zweytens, die wüthenden
Bajonettattacken ihrer Infanterie betreffend, würden die, in eben der vorerwähnten Abhandlung
schon vorgeschlagene Kurzgewehr- oder Hellebar-
dierslinien des ersten Treffens, von denen unter
der Maaß dazu genommenen Leuten, nicht nur

allein mit ihren acht Schuh langen Kurzgewehren
die Attakirenden eher erreichen und mörderisch ab-
fertigen, sondern auch, wenn sie zugleich kurze gezogene Feuerröhre hätten, so lange auf der Stelle
gefeuert würde, ihre Hellebarden in die Erde stecken, und mit feuern: wenn aber avancirt würde,
die Röhre überschwenken, und sobann mit ihren
Kurzgewehren unter dem Feinde brav aufräumen,
und den hintern beeden Gliedern ein gleiches
Spiel für ihre Bajonette eröfnen können; wobey
sie auf dem Marsche ihre Röhre ebenfalls überschwenken, und mit ihren Kurzgewehren, wie
mit Stäben, bequem fortgehen, und Berge und
Anhöhen leicht erklettern könnten. Drittens,
um das Manövre ihre Plänkler zu vereiteln,
dürfte ja nur eine hinreichende Anzahl eben dieser
irregulairen Truppen zu Fuß und zu Pferde, von
leichten mit Haubitzgranaten oder Traubenkugeln
geladenen Haubitzen begleitet, auf beede Flanken
der Armee in Hinterhalt postirt werden, um sodann diese heranziehende zerstreute Plänkler, mit
den Haubitzgranaten nicht zu verfehlen, sie durch
die Cosacken und Husaren zu umzingeln, und abzuschneiden, niederzumetzeln, und sobann eben
diese leichten Truppen dem Feinde selbst unerwar-
tet in seine Flanken und Rücken zu schicken. Was
end-

endlich den vierten Punkt betrift, so wäre hier
Bedenken oder Kargheit am unrechten Orte an-
gebracht, und sollte vielmehr jeder commandirende
Feldherr hinlängliche Summen hiezu zu seiner
Disposition haben, welche manchmal ganze Provinzen eintragen könnten, da dieß der Krieg so
mit sich bringt, und die in der Geschichte berühm-
ten Feldherrn Eugen, Daun, Lascy, und Laudon
manchen Sieg andurch erfochten haben; auch England heut zu Tage durch diesen Weg noch immer
die geheimsten Plane der Franzosen zeitig genug
entdeckt, und vereitelt hat. Mit einem Worte,
Verbannung alles Mißtrauens, Eintracht, und
Energie in allen künftigen Operationen der verbündeten Mächten, welche bey der vormaligen
Coalition so manchmal ins Stecken geriethen,
wären die mächtigen Talismane, welche den der-
maligen unbegreiflichen Zauber der politischen
Lähmung lösen, und den Neufränkischen Coloß
zertrümmern könnten. Cabinette, und Armeen —
Prediger, Schriftsteller und Journale, sollten
eben so wie es bey den Neufranken für die böse
Sache geschieht, hier für die gute, auf einen Zweck
hinarbeiten; und besonders die letztern alle, durch
wahrhafte, Abscheu erregende Schilderungen des
anarchischen Greuels, in denen, unter ihrer eiser-

C

nen Ruthe stehenden Ländern, und ihres treulosen, über Völkerrecht und Menschheit hinaus-
gesezten Verfahrens, den allgemeinen Unwillen
anzufachen, und den patriotischen Muth, zur Ab-
wendung solcher Drangsalen, durch Kundmachung
patriotischer Handlungen, bis zum Fanatism zu
erheben suchen; damit die Erde von diesen neuen
Hunnen und Vandalen dieses so gepriesenen auf-
geklärten Jahrhunderts, so wie von jenen der
dunkeln und rohen, aber ehrlichern Zeiten, gerei-
niget werde.

Die göttliche Vorsehung hat Dir, markvol-
les Oesterreich! einen jungen Helden verliehen,
aus dessen lebhaften Blicken die elektrischen Fun-
ken von dem entschlossenen Muthe Rudolfs
von Habspurg und Carls des Fünften strahlen;
und dessen erprobte Tapferkeit, mit der leutselig-
sten Fürsorge für seine braven Krieger verbunden, ihm ihr allgemeines Zutrauen und Liebe er-
worben haben; jene vortrefliche Heldeneigenschaf-
ten, welche den Sieg im Gefolge führen — Englands standhafte und thätige Freundschaft, und
Rußlands erhabene Großmuth, und mächtige
Unterstützung, vereint mit der erprobten Redliche-
keit der hohen Pforte, werden den guten König
von Neapel nicht sinken lassen, in dessen Staaten

selber der Zunder der Revolution schon lange unter
der Asche glimmte; der offenbar, von feiger Treu-
losigkeit den Franzosen zum Voraus schon verra-
then und verkauft war, und der mit ganz anderm
Succeß wieder auftreten würde, so bald ein ansehn-
liches Corps Russen und Engländer, mit denen ihm
noch ergebenen Soldaten und Landleuten vermischt,
ihm helfen, und sie erst brav eingehezt seyn würden.
Alle jene, welche mit dem Zusammenhang der
Dinge unbekannt, gemeiniglich nur dem Unglück-
lichen Unrecht zu geben geneigt sind, werden dem
Könige von Neapel seine voreilige Aggression der
Franzosen zur Last legen, mit denen er es allein
aufzunehmen wohl nie im Stande war. Allein
wer kann wissen, ob nicht die, nach dem Nelson-
schen Seetreffen, von den Engländern aufgefan-
gene Correspondenz des Generals Buonaparte,
an das Pariser Direktorium, einen eben solchen
Plan der Ueberraschung des Königs von Neapel,
gleich jener des Königs von Sardinien enthielt?
und ob es nicht die Nothwendigkeit erheischte,
ihnen im Angrif zuvorzukommen? da ihre Tri-
bunen und Journale, diese Echo des Direktoriums, gleich nach der Schlacht von Abukir, gegen ihn loszogen. Wer weiß, ob er nicht mit
Grunde auf einen mächtigern Beystand, den ihm

die leidige Politik nach der Hand versagen mußte,
dann auf die Insurrektion aller unterdrückten Ita-
liänischen Völkerschaften, so wie auf die Unterstützung der combinirten Flotten gerechnet habe?
welche aber durch die stürmische Jahreszeit, und
andere unbekannte Zufälle gehindert worden seyn
mögen, seine Operationen zu rechter Zeit zu begünstigen; und endlich konnte er doch wohl glauben, daß eine ansehnliche, mit zahlreicher Artillerie versehene Armee von 70,000 Mann, angeführt
von ihrem eignen Könige, und so versuchten Ge-
neralen, und von des muthigen Nelsons Geschwa-
der unterstüzt, gegen die zur Zeit noch zerstreute
und schwache Französische Truppen, sich in so
lange vortheilhaft behaupten würde, bis fremde
mächtigere Unterstützungen seine Operationen begünstigen könnten; wenn nicht heimliche Scheel-
sucht gegen fremde Befehlshaber, und unerwar-
tete schändliche Feigheit und Verrätherey die besten
Plane wider alle menschliche Vorstellungen vereitelt hätten.

Einem aufmerksamen Beobachter scheinen
jedoch folgende Umstände aufzufallen: Bey der
erprobten treulosen Politik und Rachgier des
Pariser Direktoriums, war vorzusehen, daß da
es dem vorläufigen Aufenthalte der Nelsonischen

Flotte in den Sicilianischen Häfen, zu ihrer nöthigen Ausbesserung und Vorrathsbeyschaffung,
den Verlust der Schlacht bey Abukir, und den
Beytritt der hohen Pforte zu der Englisch- und
Rußischen Coalition beymaaß, obschon die Flotte
des Generals Buonaparte die nämlichen Begün-
stigungen genossen hatte, es gewiß eine schwere
Rache gegen den König von Neapel vorbereiten
würde, wovon die Ueberraschung der piemontesischen Festungen, die Thronesentsetzung des Königs von Sardinien, und die Unterstoßung seiner
Truppen unter die Französische Armee, nur das
Vorspiel und das Werk eines Augenblicks war.
Es schienen sonach zur Rettung des zwischen
Hammer und Amboß gestandenen Königs von
Neapel, nur zwey Wege übrig gewesen zu seyn:
entweder ihn in einen allgemeinen Frieden mit ein-
zuschliessen, oder gemeinschäftlich und nachdrück-
lich zu unterstützen. Das erstere ist bey der,
zwischen der Französischen Republick, und denen
wider sie coalisirten Mächten, fortdaurenden
Erbitterung, und bey diesem für alle übrige Monarchien so gefährlichen, und nie so zu belassen
möglichen Uebergewichte der Neufränkischen Republik, nicht wohl zu vermuthen, und für den
König von Neapel um so weniger zu hoffen, als

Er, wegen der unzuverwehrenden stelen Einlaue
fung der Englischen, und der noch zu erwarten.
den Nachkunft der übrigen combinirten Flotten
in den Häfen von Neapel und Sicilien, mit den
Franzosen, die ihm wieder zu Lande desto kräfti=
ger beykommen konnten, stets compromittirt wer=
den mußte. Es schien demnach für den König
von Neapel insbesondere, und für die gute Sache
überhaupt weit fürträglicher und wahrscheinlicher,
daß eine mit allgemeiner Energie unternommene
Mitwirkung mächtigerer Höfe mit den Armeen
des Königs von Neapel, bey dem noch zur Zeit
unvorbereitetem Zustande der Franzosen in Ita=
lien, einen glücklichern Ausgang genommen ha=
ben würde, als daß man erst seine Progressen
abwarten wollte; indem es räthlicher scheinet
seinen Bundesgenossen gleich in so kräftigen
Stand zu setzen, daß er seinen Gegner über den
Haufen werfen könne, als ihm erst zu helfen,
wenn er schon zu Boden liegt; besonders, da die
Unterjochung des Königs von Neapel, den fast
unwiederbringlichen Verlust von ganz Italien,
und immer bösere Folgen und Gefahren für die
Italiänisch=Oesterreichischen Staaten, und Tyrol,
nach sich ziehen konnte. Diese Vorbemerkungen
bey Seite gesezt, bieten sich auch noch folgende

an : Die Besetzung des Hafens von Livorno,
zugleich mit der Vorrückung der Neapolitanischen
Truppen verbunden, war eine herrliche Unterneh-
mung. Hätte aber Toscana nicht gleich mit der
nämlichen Energie handeln, und unbeschadet seinem theuer bezahlten Neutralitätssystem, für die
ungeheuern Summen, die es nun den Franzosen
hingeben muß, bey seinem beträchtlichen Staats-
vermögen, und den Resursen, die es aus Livorno
allein ziehen konnte, auf der Stelle ein Corps von
12,000 Mann auf die Beine bringen, und damit
seine Päffe und Gränzen besetzen sollen? welche
mit den 7,000 Neapolitanern, und von den englischen Kriegsschiffen von der Seeseite gedeckt, bis
zur Ankunft der combinirten Flotten, hinreichend
gewesen wären, Toscana vor jeder Ueberraschung
der Franzosen zu sichern, die alle Hände voll zu
thun hatten, um sich der heranziehenden beträchtlichen Neapolitanischen Armee zu widersetzen;
statt, daß es bey dem bloßen frommen Wunsche,
ein freywilliges Corps zu errichten, geblieben ist,
und daher vielleicht dieserwegen General Mack
seine Macht theilen, und der König mit dem General Colli gegen Rom vorrücken muste, um zugleich Toscana zu decken. Dafür hätte sich der
König mit dem General Colli zwischen die Fran-

zöſiſchen Generals Macdonald und Champlonett werfen, und gegen Rom bloß ein Corps von 10,000 Mann abſenden können, um das ſchwürige Volk, und beſonders die ziemlich muthigen Transteveriner zu bewafnen, und zu unterſtützen, welche denen in Rom geſtandenen Franzoſen indeſſen genug zu ſchaffen gemacht haben würden, welches als ein offener Ort dem Könige nach der Hand nicht entgehen konnte. Sodann würde die Vereinigung der Königlichen, mit der Armee des General Macks möglich geweſen ſeyn; Champlonett hätte zwiſchen zwey Feuer gerathen, und der höchſtwichtige Poſten von Ancona übermältiget werden können, um die Verbindung mit den combinirten Flotten, und andurch ſtets neue Verſtärkungen zu erhalten, wornach auch Rom ohne Schwürigkeit behauptet worden wäre. — Denen Franzoſen einen Augenblick Zeit zu ihrer Beſinnung und Wiederverſamnlung gelaſſen, iſt gleich wieder alles verlohren! Dieſe folgten ihrer Hauptmaxime, ſich, ſobald ſie ſich ſchwächer fühlen, nie einer Hauptniederlage auszuſetzen. — Sie überließen ſo nach ſelbſt, Rom, der königlichen Armee, um ſie dort zu amuſiren, indem ſie noch die Engelsburg beſezt hielten, deren unzeitige Schonung (die in dem Kriege mit den Franzoſen

schon so vieles verdorben hat) sie voraus sahen,
und liefen in einem fort, bis sie ihren Vereini-
gungspunkt erreichten. So wie nun Champio-
nett seine Verstärkungen an sich gezogen hatte,
warf Er sich selbst zwischen den König und General Mack, und drückte Letzteren, der ihm der näch-
ste und gefährlichste war, unter Mitwirkung der
Verrätherey und Feigheit eines großen Theiles der
Neapolitanischen Truppen, mit überlegener Macht
zurück, welches sodann nothwendig den eiligen
Rückzug des ebenfalls durch Verrätherey in Gefahr gerathenen Königs von Neapel, sodann die
dem Großherzoge von Toscana, durch die drohen-
de Vorrückung des General Victors abgedrungene
Räumung des Hafens von Livorno, und alle übrige
böse Folgen nach sich ziehen mußte.

Es ist zu muthmaßen, daß Oesterreich die
raschen Unternehmungen des Königs von Neapel
nicht vermuthend, und nach der Hand, bey deren
glücklichem Anfange, auf desselben und seiner mächtigen allirten Staaten Stärke und Unterstützung
bauend, vielleicht schon zu tief in die Friedensunterhandlungen mit dem Pariser Direktorium gerathen, durch eine rasche Vorrückung seiner Truppen den Faden nicht zerreissen wollte, der etwa zur
Erzielung eines allgemeinen Friedens, und zu Her-

stellung der Ruhe in Europa gesponnen war. — Aber jene unversehene himmelschreyende Behandlung des Königs von Sardinien, wovon sich alle übrige ihre Horoscop abziehen mögen — Jene allem Völkerrechte zuwiderlaufende Usurpirung seiner piemontesischen Staaten, welchen Sardinien wohl auch noch beygesellet werden dürfte — Das ähnliche Verfahren gegen den König von Neapel — Die provisorische Umzinglung des Großherzogs von Toscana, welche die Ankunft des Französischen Regierungscommissairs Salicetti, und des Generals Serrurier in Livorno bald aufklären, und die Wiederbesetzung des Hafens von Livorno, und von ganz Toscana, und die Erpressung unermeßlicher Summen zur Folge haben dürften — Dann die Conventionswidrig erzwungene Verlassung und Besetzung Ehrenbreitsteins — und endlich die arrogante Forderung des Rückmarsches der Rußischen Truppen aus den Oesterreichischen Staaten — geben die deutlichsten Ausleger der tiefliegenden ferneren Entwürfen der Neufränkischen Machthaber, und der Aufrichtigkeit ihrer Friedensunterhandlungen ab; und legen es allen, die da sehen wollen, vor Augen, daß sie weit entfernt einen allgemeinen Frieden einzuschlagen, nur den erprobten Kunstgrif wiederhohlen, jede geringere

Macht, der sie bereits das Messer an die Kehle gesezt haben, durch die verderblichsten Separat-verträge der Entnervung ihres Staatsvermögens, und der Verminderung ihrer Truppen, auf immer ausser allen Widerstand zu setzen, damit sie früh oder spät unter ihre Sichel falle. — Die grössern Mächte aber, entweder durch heuchlerische Separat-Friedensanträge in den ewigen Schlaf betrogner Sicherheit zu wiegen, oder durch den Saamen des Mißtrauens und der Mißgunst, alle Bande des gemeinschäftlichen Interesse aufzulösen, um so-dann gegen jene Mächte, gegen welche sie schon lange die fürchterlichste Rache im Busen kochen, desto ungehinderter jene finstern Plane der Hölle auszuführen, wozu Buonaparte, und ihr Revolu-tionsanhang in Irland, und selbst in England, noch immer im Hinterhalt liegen, und nach deren Ausführung sie aufs Neue über die Reste eines vergeblichen Widerstandes herfallen würden. —

Was haben sie nicht schon möglich gemacht? und in welcher Zeitfrist? Haben nicht diese Feinde jeder Religion und Rechtschaffenheit, bereits die mächtigsten Höfe Europens gezwungen, mit dem vormaligen Erbfeinde der Christenheit in Bündniß zu treten? Das Preußische Cabinett ist zu Ein-sichtsvoll, als daß es, bey der vor kurzem nicht

vermutheten, und doch erfolgten Wegnahme Ehrenbreitsteins, und der immer näher rückenden gefährlichen Nachbarschaft der Neufränkischen Republik,
noch glauben könne, daß selbe, sobald sie Oesterreich überwältigte, mit Preußen eine Ausnahme
machen würde? Hat sich der Keim des Revolu-
tionsgiftes dort nicht auch schon gezeigt? Eien's
ist schon zu lange in Berlin, und es scheinet die
höchste Zeit zu seyn, alldort dem der guten Sache
offenbar im Wege stehenden Neutralitätssystem
ein Ende zu machen; da die Neufranken bey dem
ersten wichtigen Siege über Oesterreich, die von
keinen Festungen gedeckte Demarkationslinie nicht
lange mehr respectiren, und mit Gewalt den Damm
durchbrechen würden, welcher ihrer Habsucht nach
denen dahinter liegenden reichen Handelsstädten,
und dem Churfürstenthum Hannover, noch im
Wege steht.

Es ist eben so die höchste Zeit, mit dem
Buonaparte in Egypten zum Ende zu kommen,
ehe sie noch Holland und Spanien zwingen werden, ihre Flotten mit den ihrigen zu vereinigen,
um wieder die Oberherrschaft im Mittelländischen
Meere zu erhalten, und dem Buonaparte Verstärkungen zuzuschicken; so wie auf der andern
Seite von Holland oder Brest aus, endlich doch

noch England einen verderblichen Besuch zu machen; da die Türken, welche den Angrif von be-
festigten Lägern nicht verstehen, und die fürchter-
liche französische Artillerie über alles scheuen, ohne
Beyhülfe Rußisch- und Englischer Truppen und
Offiziers, niemals alleine mit ihm fertig werden
würden, indem sie es in acht Monathen nicht einmal dahin bringen können, ihm Wasser und Le-
bensmittel abzuschneiden, und andurch allein ihn
aufzureiben: und eben so den Paswan Oglu, einen einzigen Rebellen im Schooße ihres mächtigen Reiches nicht zu Paaren treiben konnten, und
froh seyn mußten, durch Unterhandlungen in der
Stille mit ihm zu endigen; welches aber alles,
ohne offenbar auf beeden Seiten unterwaltet haben
müßenden Verrätherenen, nicht zu begreifen wäre.
—Kurz, entweder allgemeine Energie, oder allgemeine
Auflösung — denn, wenn nicht durch einen allgemeinen, und mit allen nöthigen Vorsichts - Maaß-
regeln, einer für die Monarchien dauerhaften Ruhe
und Sicherheit, verbundenen Frieden, das Gleich-
gewicht in Europa wieder hergestellt, und den Neufranken nur noch ein Jahr so der Lauf gelassen
wird, um vielleicht noch Spanien, bey Durchzug
ihrer Armee, und sodann auch Portugall zu revo-
lutioniren, und endlich doch noch England oder

Oesterreich zu überwältigen, so dürfte es bald zu spät seyn — denn, ihre Füße laufen nur nach dem Bösen, und sie fördern sich unschuldiges Blut zu vergießen. Isaiä 9. — Dann dürften selbst die getreuesten Völker, des fruchtlosen Kampfes müde, in ihrem Eifer für die gute Sache erkalten. — Jeder würde um sein Leben und Bischen Haabe zu retten, zur Erhaltung des ersteren, sich in die Zeiten schicken, und das leztere der Erde anvertrauen — Fürsten und Adel, Religion und ihre Diener, würden von der Erde verschwinden — die Staatsbeamte (deren so manche bisher, zur Schande ihres Herzens und Verstandes, den Fortschritten der Französischen Revolution in den Winkeln Beyfall zunickten,) würden am Hungertuche nagen — überall Gewalt für Recht ergehn—ein Mensch des andern Teufel werden — und endlich Vernachlässigung der Cultur und Industrie, Hungersnoth und Pest, und eine allgemeine Zerstöhrung herbeyführen, ohne daß es Feuer vom Himmel regnen, oder eine neue Sündfluth kommen dürfe!

www.ingramcontent.com/pod-product-compliance
Lightning Source LLC
Chambersburg PA
CBHW021431090426
42739CB00009B/1439